MÉMOIRE

SUR L'EMPLOI

DU LITHÉRÉTEUR,

INSTRUMENT DESTINÉ A EXTRAIRE SANS DOULEUR

LES PETITES PIERRES, LA GRAVELLE,

Et le détritus de la lithotritie;

SUIVI DE LA

DESCRIPTION DE NOUVEAUX DILATATEURS

POUR LA DESTRUCTION DES RÉTRÉCISSEMENTS DE L'URÈTRE,

PAR J. E. CORNAY

(DE ROCHEFORT),

DOCTEUR EN MÉDECINE DE LA FACULTÉ DE PARIS,
MEMBRE DE PLUSIEURS SOCIÉTÉS SAVANTES.

PRIX 1 : FRANC.

Paris,

CHEZ L'AUTEUR, RUE SAINT-HONORÉ, 340,

ET CHEZ LES LIBRAIRES DE L'ÉCOLE DE MÉDECINE.

1843

MÉMOIRE

SUR L'EMPLOI

DU LITHÉRÉTEUR,

INSTRUMENT DESTINÉ A EXTRAIRE SANS DOULEUR

LES PETITES PIERRES, LA GRAVELLE,

Et le détritus de la lithotritie ;

SUIVI DE LA

DESCRIPTION DE NOUVEAUX DILATATEURS

POUR LA DESTRUCTION DES RÉTRÉCISSEMENTS DE L'URÈTRE,

PAR J.-E. CORNAY

(DE ROCHEFORT),

DOCTEUR EN MÉDECINE DE LA FACULTÉ DE PARIS,
MEMBRE DE PLUSIEURS SOCIÉTÉS SAVANTES.

PRIX : 1 FRANC.

Paris,

CHEZ L'AUTEUR, RUE SAINT-HONORÉ, 340,

ET CHEZ LES LIBRAIRES DE L'ÉCOLE DE MÉDECINE.

1843

TABLE DES MATIÈRES.

Nota. J'ai cru devoir prendre un brevet d'invention au sujet de la découverte de mes instruments et de mes procédés.

AVANT-PROPOS.

J'appelle l'extraction de la pierre de la vessie Licys-térétie.

Cette opération a trois procédés :

1° La Lithérétie proprement dite ou extraction des gravelles ;

2° La Littrérétie, qui comprend la Lithotritie et la Lithérétie lithotritique ;

3° La Cystomérétie, composée de la Cystotomie ou taille, et de la Lithérétie cystotomique.

Ces dénominations dérivent des mots grecs λιθος (pierre), κυστις (vessie), τριβω (je broie), τεμνειν (couper), εξ (dehors), αιρεω (j'emporte).

Dans ce Mémoire il ne sera question que de la Lithé-rétie proprement dite et de la Lithérétie lithotritique, c'est-à-dire de l'extraction de la gravelle et de celle du détritus obtenu par le broiement de la pierre dans la vessie.

Le 12 mars 1843 j'ai présenté à l'Institut (Académie des sciences) un instrument qui me sert à extraire les petites pierres, la gravelle et le détritus de la lithotritie, et qui établit une ère nouvelle dans le traitement de la pierre en général et dans celui de la gravelle en particulier, comme nous le verrons plus loin. Avant la découverte de la lithotritie, qui date de 1822, on extrayait les graviers de l'urètre avec les pinces de Hunter et de Dessault, et la pierre de la vessie nécessitait toujours la taille. Depuis qu'on a réussi à la broyer dans le réservoir de l'urine, on a cherché un moyen commode pour extraire son détritus. Les opérateurs ayant compris sans doute qu'il ne suffisait pas de casser la pierre dans la vessie, mais qu'il fallait encore en retirer les fragments sous peine d'avoir fait une opération inutile, tous ont imaginé des instruments pour leur extraction.

Les uns sont des pinces, des fils métalliques ou des leviers ; les autres des sondes d'un gros calibre. Mais l'on ne peut s'arrêter à leur usage, car ils sont tous impuissants et présentent des dangers dans leur application. En effet, on est obligé de les introduire autant de fois qu'il y a de fragments à retirer ; alors ils fatiguent et déchirent tantôt le col de la vessie, tantôt la prostate ou le canal, surtout lorsqu'ils amènent des débris anguleux, ce qui arrive presque à chaque fois. Il est bien sûr que c'est la violence qu'ils font éprouver aux organes urinaires qui est la cause la plus fréquente de mort. La chirurgie n'avait donc point encore un bon instrument pour extraire le détritus de la pierre ainsi que les gravelles.

NOTA. Mes procédés ont les mêmes avantages chez l'homme, chez la femme et chez l'enfant.

MÉMOIRE

SUR L'EMPLOI

DU LITHÉRÉTEUR,

INSTRUMENT DESTINÉ A EXTRAIRE SANS DOULEUR

LES PETITES PIERRES, LA GRAVELLE,

Et le détritus de la lithotritie.

CHAPITRE Ier.

*Exposé des motifs. — Inconvénients des instruments ac-
tuellement employés pour extraire les graviers et le détritus de la pierre.*

L'évacuation du détritus ne devant jamais être aban-
donnée à la nature, qui est lente à débarrasser la vessie,
et d'ailleurs, dans une foule de cas, les voies urinaires rétrécies ou sensibles se refusant à sa sortie, on
construisit les extracteurs dont j'ai parlé.

Mais, je l'ai déjà dit, ils sont impuissants ou dangereux;
leurs inconvénients les plus grands sont les suivants :

1º Ils nécessitent autant d'introductions qu'il y a de
morceaux de pierre à retirer.

2º Ils occasionnent des déchirures et de grandes douleurs lorsqu'on veut saisir le gravier et l'extraire.

3º Ils broient souvent certaines parties des voies urinaires, et font violence au col de la vessie, à la prostate
et au canal de l'urètre.

Ce sont les violences qui déterminent les phlegmons,
les dépôts, les fistules, les hémorragies, les caillots de
sang dans la vessie, l'incontinence d'urine, les accidents
convulsifs, l'inflammation de l'appareil urinaire, et la
fièvre grave qu'elle fait naître; et, comme toutes les dé-

chirures se font dans un endroit caché, on est loin d'attribuer la mort à ces lésions, qui seules la déterminent.

Cependant il faut avouer que, n'ayant pas d'instruments plus convenables, j'étais moi-même obligé de m'en servir. C'est parce que j'avais vu les accidents qu'ils font naître que je cherchais depuis long-temps un instrument pour les remplacer, et j'ai imaginé le lithéréteur, qui fait disparaître tous les inconvénients.

Avec ce nouvel instrument les graviers sortent de la vessie sans toucher le col, la prostate et le canal, qu'ils déchiraient ordinairement; ils s'échappent dans un récipient par le chalumeau. Ainsi les avantages sont innombrables, puisque j'évite aux malades tous les accidents que j'ai énumérés qui sont produits par la manœuvre des anciens instruments.

CHAPITRE II.

Première idée de mon instrument.

Tout le monde connaît la puissance qu'exerce l'aspiration. Me fondant sur ce fait connu, j'eus l'idée dès l'année 1840 de retirer les gravelles de la vessie à l'aide d'un long chalumeau. Mon premier instrument était donc un chalumeau auquel j'adaptai bientôt une pompe aspirante. Je vais en donner brièvement les différentes modifications. C'est un tube qui peut être plus ou moins long et gros, de calibre égal partout, ou qui peut augmenter de calibre du bec au suçoir, ou encore qui peut être renflé seulement à l'extrémité pour loger la gravelle. Ce tube est droit ou présente la courbure d'une sonde; il existe à son tiers supérieur un diaphragme de gaze, et à son milieu deux soupapes, l'une inférieure, qui se ferme quand on souffle, l'autre supérieure, placée dans sa paroi pour laisser écouler les liquides; ce fut là ma première tentative. J'ai de nouveau modifié ce chalumeau, puis je l'ai fait renfler vers sa moitié afin de faire un récipient aux injections et aux graviers, car ils venaient d'abord se déposer dans le corps même de la pompe : c'était déjà un grand pas de fait d'avoir eu l'idée d'un récipient séparé; enfin j'ai fait plusieurs modifications de cet instrument, que je nomme Lithéréteur.

Description du lithéréteur.

Le lithéréteur est un instrument composé de trois pièces pricipales, savoir : d'une sonde que j'appelle chalumeau, d'un récipient, et d'une pompe aspirante.

1º Le chalumeau est muni près de son pavillon d'un conduit à robinet qui me sert à faire des injections dans la vessie, et qui a reçu le nom d'injecteur. Le pavillon est fermé par un autre robinet qui règle l'action de l'instrument ; il est placé là pour lui permettre de fonctionner, et pour l'arrêter tout à coup quand j'ai obtenu dans le récipient la quantité de liquide que je désire retirer. Ce robinet prend le nom de régulateur.

J'ai plusieurs modifications du bec du chalumeau, c'est-à-dire de l'extrémité qui s'introduit dans la vessie, et comme c'est d'après la disposition de cette extrémité que je nomme mes différents chalumeaux, j'aurai, savoir :

A Le chalumeau plein ou ne présentant aucune ouverture dans ses parois; — B Le chalumeau à entonnoir ; — C Le chalumeau avec de larges yeux ronds ou ovales, en regard ; — D Le chalumeau avec de larges yeux ronds ou ovales placés à des hauteurs différentes; — E Le chalumeau à petits trous ; — F Le chalumeau à fentes longitudinales.

1º Les chalumeaux peuvent être droits ou recourbés, et présentent différentes grosseurs pour s'accommoder

avec les divers diamètres que peut avoir le canal de l'u-
rètre ; ils peuvent être également de plusieurs lon-
gueurs. Je les sépare au besoin du récipient par un
tube élastique qui en rend la manœuvre plus facile ;
le chalumeau se place dans l'urètre jusque dans la vessie,
et s'adapte par son pavillon au col du récipient.

2° Le récipient peut avoir des formes variées, c'est
dans son intérieur où viennent tomber les injections et
les gravelles ; il présente trois ouvertures : l'une, où
vient se fixer le pavillon du chalumeau ou bien son tube
élastique, s'appelle le col ; une autre inférieure, desti-
née à la sortie au dehors des injections et des graviers,
se nomme l'exeat ; enfin, la troisième, qui est à la partie
supérieure du récipient, et qui s'unit à la pompe aspirante, prend le nom de suçoir, car c'est à cette ouverture où se fait l'aspiration. La pompe à injection et le
récipient sont gradués de manière à m'indiquer la quantité de liquide contenue dans la vessie, et celle obtenue
dans le récipient.

3° La pompe aspirante est la troisième pièce impor-
tante du lithéréteur ; c'est elle qui représente la puissance de l'instrument. L'aspiration qu'elle détermine
peut avoir plus ou moins de force suivant les circonstances, et ne peut en rien nuire au malade. Pour m'en convaincre j'ai fait fonctionner sur moi-même le lithéréteur avec le chalumeau plein, dont j'appliquai l'extrémité sur la langue, le voile du palais, la paupière, la
joue, et tous les organes les plus sensibles du corps. Il
ne m'a donné aucune sensation pénible ; cependant j'a-
vais fait l'aspiration la plus forte. Je me suis servi pour
cette expérience du chalumeau plein, parce que, n'ayant
qu'une ouverture, il est le seul qui pourrait être bou-
ché par la paroi de la vessie. Les autres chalumeaux en

ayant plusieurs, il est impossible que les parois de la vessie viennent les fermer, car je ne retire que les deux tiers du liquide qu'elle contient.

Mode d'action du lithéréteur et sa manœuvre.

Le lithéréteur est un instrument dont la manière d'agir est remarquable; il se produit, dans le chalumeau et le récipient, une succion semblable à celle que pourrait produire la bouche dans un tube, de sorte que les graviers, seraient-ils en nombre considérable, viennent tous passer par le chalumeau et se déposer dans le récipient. Il est évident que le chalumeau protège, au grand soulagement des malades, le col de la vessie, la prostate et le canal.

La manœuvre de mon instrument est très facile et aucunement douloureuse pour le pierreux; en effet, une fois le chalumeau introduit dans la vessie (et il ne produit par son introduction que la sensation que donne une sonde), je peux faire agir un nombre de fois indéterminé le lithéréteur sans que le malade s'en aperçoive. Quand le chalumeau est introduit, j'injecte un liquide dans la vessie, puis je peux exécuter la manœuvre de la pompe de deux manières :

1° En aspirant le liquide lui-même; 2° en faisant le vide dans le récipient. Dans ce dernier cas, après que le vide est fait, j'ouvre le robinet régulateur; c'est alors que le liquide contenu dans la vessie, aspiré par le vide du récipient, entraîne avec lui les graviers. Je peux, dans une seule séance, vider la vessie des gravelles qu'elle contient, ou en retirer un nombre considérable. Dans cette opération, l'instrument fait tout par lui-même, la vessie ne participe en rien à l'évacuation.

Je fis les premiers essais de mon instrument dans un

vase plein d'eau contenant une grande quantité de morceaux anguleux de brique concassée, et dès la première fois ils furent tous extraits du vase, et vinrent se déposer dans le récipient. J'ai fait la même expérience sur le cadavre ou dans la vessie détachée d'un animal, elle réussit aussi bien ; les graviers vinrent également se rendre dans le récipient. Comme il n'y avait aucun danger à essayer cet instrument sur l'homme, puisque je donne à l'aspiration la douceur de celle que peut produire la bouche, et que rien ne peut lui nuire, j'ai appliqué le lithéréteur sur l'homme vivant. Après avoir placé le chalumeau jusque dans la vessie, je fis fonctionner l'instrument plusieurs fois avec le plus grand succès ; depuis j'en ai toujours retiré les mêmes résultats.

CHAPITRE III.

Emploi du lithéréteur dans la gravelle.

Généralement on abandonne la sortie des gravelles à la nature, car on n'a point d'instrument pour en faire l'extraction ; ce n'est que celles qui sont engagées dans le canal de l'urètre qu'on va chercher avec les pinces et autres instruments dont j'ai parlé, et quand elles sont volumineuses et contenues dans la vessie, on les broie avec les instruments lithotriteurs, et les fragments sont abandonnés au courant de l'urine, ou sortent à trav rs des sondes ; moyens très douloureux et qui nécessitent un temps très long.

Le lithéréteur est donc un instrument des plus utiles, puisqu'il en débarrasse toujours le malade dans très peu de temps.

Il y a plusieurs raisons qui peuvent engager les graveleux à se faire extraire la gravelle à l'aide d'un lithéréteur : c'est afin d'éviter la douleur, l'hémorragie, l'in-

flammation des voies urinaires; et ils doivent aussi le
faire pour qu'il ne reste point de gravier dans la vessie;
en effet, l'expérience de tous les jours prouve que les
graveleux ne les rendent jamais tous, puisqu'ils deviennent calculeux.

En pratiquant la lithérétie ou l'extraction de la gravelle, je rends un des plus grands services, puisque je
préviens par cette nouvelle opération le développement
de la pierre dans la vessie.

Le lithéréteur, qui me permet de faire des lavages ré-
pétés dans la vessie et d'aspirer la moindre gravelle, fe-
ra nécessairement diminuer le nombre des calculeux, et
empêchera toujours les récidives après la lithotritie. Cet
instrument manquant à la chirurgie, on avait soumis
les graveleux jusqu'à présent seulement à un traitement
médical; c'est ce qui faisait que souvent ils devenaient
calculeux.

Les gravelles qui peuvent passer par les chalumeaux
sont comprises depuis celles qui ressemblent au sable
jusqu'à celles de la grosseur d'un haricot, c'est-à-dire de
sept à huit millimètres de diamètre (3 lignes $\frac{1}{2}$), et peut-
être pourrai-je en obtenir de plus forte chez les sujets
qui ont le canal très large. Lorsque les gravelles sont
trop fortes pour passer par le chalumeau, je les consi-
dère comme de véritables calculs; dans ce cas j'introduis
avec précaution un petit lithotriteur, et je vais les
broyer au centre de la vessie; puis j'extrais tous les
fragments avec le lithéréteur.

Emploi du lithéréteur après la lithotritie.

Il faut bien se convaincre que le broiement de la pierre
n'est que le premier temps de l'opération que j'appelle littrérétie (composée de la lithotritie et de la lithérétie litho-

tritique) : car il ne suffit pas de broyer la pierre, il faut encore extraire ses débris le plus tôt possible. En effet, s'ils demeurent dans la vessie, ils viendront souvent se placer sur sa partie la plus sensible, sur le bas-fond, sur le col ; et les angles, les pointes de ces fragments, détermineront une irritation des plus dangereuses dans les voies urinaires, qui sont déjà irritées par la longue présence de la pierre, et l'on peut dire avec sûreté que c'est le détritus et les violences que l'on fait aux parties pour l'extraire qui occasionnent les suites fâcheuses de la lithotritie.

Le lithéréteur est donc de la plus grande utilité après la lithotritie : car, dans une seule séance, dans beaucoup de circonstances, je peux broyer la pierre et retirer ses débris. Je le répète encore, tous les instruments inventés jusqu'à présent pour extraire les fragments violentent les voies urinaires et sont impuissants, et tel calculeux à qui l'on a broyé la pierre ne doit point être étonné d'une récidive.

Après la lithotritie, il reste toujours des fragments de graviers dans le réservoir de l'urine ; ces fragments se trouvent pour ainsi dire attachés, retenus à la surface de la vessie, par une humeur glaireuse que la membrane muqueuse de ce viscère répand. Jusqu'à ce jour, aucun des instruments des chirurgiens n'a pu forcer ces parcelles, qui deviennent de nouveaux calculs, à sortir au dehors. Le lithéréteur a cet avantage, c'est d'entraîner les glaires avec les liquides, et d'amener avec eux toutes les poussières, tous les fragments, retenus dans l'organe. D'après ce que j'ai dit, l'on voit que les graviers et le détritus sortent de la vessie à l'aide de mon instrument sans toucher le col, la prostate et le canal, ce qui est d'une importance immense, puisque j'évite par mes procédés tous les accidents qui sont le résultat de la manière d'agir des anciens instruments.

Emploi du lithéréteur dans le catarrhe de la vessie, pour extraire des corps étrangers, et après les hémorragies.

Le lithéréteur me sert avec avantage dans le traitement du catarrhe de la vessie pour faire des lavages avec des liquides de compositions diverses.

Souvent, sans qu'on ait la gravelle, un catarrhe muqueux de la vessie peut occasionner la pierre ; le mucus se charge des parties terreuses de l'urine, et cela devient le noyau d'un calcul qui peut acquérir un énorme développement.

Dans le catarrhe de la vessie, le lithéréteur présente donc encore de l'utilité.

Pour les corps étrangers qui ont pénétré dans les voies urinaires, pour les graviers de la prostate qui font saillie dans le canal, le lithéréteur présente des avantages incontestables, ainsi que pour extraire les caillots de sang de la vessie à la suite d'hémorragies, ce qui arrive très fréquemment dans plusieurs circonstances ; et l'on sait qu'il est très important d'extraire au plus vite ces caillots, qui peuvent gêner l'excrétion des urines, et dont la partie fibreuse peut aussi donner naissance à des pierres en se recouvrant des sels urinaires.

Cas dans lesquels le lithéréteur est d'une utilité indispensable.

Le lithéréteur est de la plus grande utilité dans les cas suivants :

1° Chez les goutteux et les rhumatisants, quand il se produit une crise par les urines, il existe dans certains cas une telle quantité de sable dans la vessie, que la sonde introduite pour l'extraire se trouve complétement bouchée; ici l'aspiration et le lavage au moyen du lithé-réteur sont très indiqués.

2° Pour vider la vessic des gravelles et autres dépôts des urines, et, par conséquent, pour prévenir le déve-loppement de la pierre.

3° Après la lithotritie, pour extraire le détritus.

4° Lorsqu'il y a paralysie ou plutôt inertie de la ves-sie, quand il existe un rétrécissement spasmodique ou organique du canal, ou un gonflement de la prostate, ou une tumeur à la luette vésicale, lésions dans lesquelles le détritus ne peut sortir au dehors qu'à l'aide des in-struments extracteurs.

5° Chez les personnes nerveuses et chez celles dont les voies urinaires sont malades, qu'il faut débarrasser promptement du détritus pour éviter une suite funeste.

Enfin, quel que soit l'état des organes, les lithotrités préféreront toujours être délivrés instantanément de leurs graviers. C'est déjà beaucoup de s'épargner des douleurs; d'ailleurs il ne faut pas être médecin pour voir qu'il y a du danger à laisser une partie aussi sen-sible que la vessie, qui du reste ici est toujours plus ou moins irritée, en contact avec les fragments anguleux, et qui ne doivent sortir qu'en partie par les anciens moyens, dans un temps très long, et par des manœu-vres souvent violentes.

Dans ce paragraphe j'ai indiqué qu'il se rencontre des rétrécissements chez les malades qui ont la pierre ou la gravelle: il est donc utile de posséder des instruments pour dilater l'urètre; il est même quelquefois fort im-portant en lithérétie de dilater un canal trop étroit; aussi vais-je parler de mes dilatateurs.

CHAPITRE IV.

Destruction des rétrécissements, et dilatation de l'urètre au moyen de mes dilatateurs.

Le canal de l'urètre est susceptible de recevoir une très grande dilatation : ainsi il peut être dilaté jusqu'à neuf et dix millimètres (4 lignes 1/4). Mais pour obtenir cette dilatation, qui chez certains sujets est la largeur naturelle, j'emploie des instruments dilatateurs qui n'occasionnent que la sensation de la sonde dans leur introduction. Ils me servent à dilater le canal chez les personnes qui l'ont naturellement étroit, ou qui sont atteintes de rétrécissements : car, si je peux me servir d'un chalumeau d'un grand diamètre, j'obtiens alors des gravelles très fortes. Il est vrai que, dans des cas fréquents, la gravelle est pour ainsi dire à l'état de boue dans l'urine.

On n'a point assez eu l'idée de dilater l'urètre par des dilatateurs mécaniques, et, si ce n'est celui de Ducamp, formé d'un petit boyau dans lequel il insufflait de l'air, instrument peu commode et se détériorant facilement, il n'existe rien dans la science.

Comme il m'a paru fort utile d'obtenir une dilatation prompte de l'urètre dans les cas de gravelle et de pierre, j'ai imaginé des dilatateurs à branches.

Le principal est mon dilatateur à *effet égal*. C'est une sonde ordinaire qui peut avoir différents diamètres, dont le bec est arrondi ou conique, suivant le degré du rétrécissement. Ce dilatateur est formé de deux moitiés de sonde pleine, et accolées l'une à l'autre, représentant une sonde de neuf pouces et demi. Ces deux moitiés de sonde du côté du pavillon sont munies d'une plaque évasée, sur laquelle il y a deux tenons et une vis au milieu. Les deux tenons et la vis tiennent à la plaque de la branche inférieure, de sorte qu'en tournant la vis, ils coulent dans les mortaises de la plaque supérieure; ce qui fait que les deux moitiés de la sonde s'éloignent l'une de l'autre, et dilatent ainsi le canal. Pour empêcher que les bouts des deux moitiés du dilatateur soient plus rapprochés l'un de l'autre que les extrémités qui sont près de la vis, il existe un petit écrou de rappel à l'extrémité de la plaque, où le mécanisme est fixé.

Ce dilatateur a un effet constant, il dilate le canal depuis le méat urinaire jusqu'au col de la vessie; il me sert dans les rétrécissements de l'urètre, dans le cas de gonflement de la prostate, etc., etc. Pour la portion droite de l'urètre, j'ai des dilatateurs droits; tandis que celui que je viens de décrire présente la courbure d'une algalie. Enfin j'en ai fait de plusieurs façons.

Actuellement tous les chirurgiens dilatent l'urètre avec des sondes de gomme élastique de plus en plus fortes: c'est un bon moyen, mais qui agit trop lentement; tandis qu'avec mes sondes dilatateurs je dilate le canal de dedans en dehors en le comprimant progressivement: c'est un procédé beaucoup plus prompt et moins douloureux.

J.-E. CORNAY.

Il est un hommage que je dois rendre au mérite et au talent de M. Samson, fabricant d'instruments, rue de l'Ecole-de-Médecine, non seulement pour sa discrétion à l'égard de mes inventions, mais encore pour la précision avec laquelle il a suivi mes plans dans l'exécution de mes instruments les plus compliqués.

Imprimerie de GUIRAUDET et JOUAUST ; 315, rue Saint-Honoré.